Frédéric Ouattara
Mahamadi Zongo

Didactique des sciences expérimentales

Frédéric Ouattara
Mahamadi Zongo

Didactique des sciences expérimentales

Mise en oeuvre de la démarche QHA en mécanique en classe de 2e C au Burkina Faso

Éditions universitaires européennes

Impressum / Mentions légales
Bibliografische Information der Deutschen Nationalbibliothek: Die Deutsche Nationalbibliothek verzeichnet diese Publikation in der Deutschen Nationalbibliografie; detaillierte bibliografische Daten sind im Internet über http://dnb.d-nb.de abrufbar.
Alle in diesem Buch genannten Marken und Produktnamen unterliegen warenzeichen-, marken- oder patentrechtlichem Schutz bzw. sind Warenzeichen oder eingetragene Warenzeichen der jeweiligen Inhaber. Die Wiedergabe von Marken, Produktnamen, Gebrauchsnamen, Handelsnamen, Warenbezeichnungen u.s.w. in diesem Werk berechtigt auch ohne besondere Kennzeichnung nicht zu der Annahme, dass solche Namen im Sinne der Warenzeichen- und Markenschutzgesetzgebung als frei zu betrachten wären und daher von jedermann benutzt werden dürften.

Information bibliographique publiée par la Deutsche Nationalbibliothek: La Deutsche Nationalbibliothek inscrit cette publication à la Deutsche Nationalbibliografie; des données bibliographiques détaillées sont disponibles sur internet à l'adresse http://dnb.d-nb.de.
Toutes marques et noms de produits mentionnés dans ce livre demeurent sous la protection des marques, des marques déposées et des brevets, et sont des marques ou des marques déposées de leurs détenteurs respectifs. L'utilisation des marques, noms de produits, noms communs, noms commerciaux, descriptions de produits, etc, même sans qu'ils soient mentionnés de façon particulière dans ce livre ne signifie en aucune façon que ces noms peuvent être utilisés sans restriction à l'égard de la législation pour la protection des marques et des marques déposées et pourraient donc être utilisés par quiconque.

Coverbild / Photo de couverture: www.ingimage.com

Verlag / Editeur:
Éditions universitaires européennes
ist ein Imprint der / est une marque déposée de
OmniScriptum GmbH & Co. KG
Heinrich-Böcking-Str. 6-8, 66121 Saarbrücken, Deutschland / Allemagne
Email: info@editions-ue.com

Herstellung: siehe letzte Seite /
Impression: voir la dernière page
ISBN: 978-3-8416-6519-5

Copyright / Droit d'auteur © 2015 OmniScriptum GmbH & Co. KG
Alle Rechte vorbehalten. / Tous droits réservés. Saarbrücken 2015

DIDACTIQUE DES SCIENCES EXPÉRIMENTALES

SCIENCES PHYSIQUES

> Fiches d'activités-élèves pour la mise en œuvre d'une démarche expérimentale en mécanique en classe de 2e C au Burkina Faso

<u>Auteurs</u>

Prof. Frédéric OUATTARA, Professeur Titulaire de Physique

CPES, Mahamadi ZONGO, Master en Didactique des Sciences Expérimentales

Table des matières

Table des matières 2
1. Introduction 4
2. La position du problème 4
3. Le constructivisme comme cadre théorique de référence 6
4. Les séquences d'activités 7
5. Les étapes de la démarche QHA 8
    5.1. La situation de départ 8
    5.2. Le travail d'investigation de groupe 8
    5.3. La présentation des résultats de recherche 8
    5.4. L'institutionnalisation de connaissances 9
    5.5. L'évaluation des acquis 9

Chapitre 1 10
    Plan de la leçon 11
    Activité 1 : La position 13
    Activité 2 : la relativité des coordonnées de la position d'un système 14
    Activité 3 : coordonnées d'un point matériel dans deux repères orthonormés de mêmes vecteurs de base .. 15
    Activité 4 : la relativité du mouvement 16
    Activité 5 : vitesse moyenne – vitesse instantanée 17
    Activité 6 : vecteur-vitesse d'un point mobile 18

Chapitre 2 19
    Plan de la leçon 20
    Activité 1 : les effets d'une force 21
    Activité 2 : les caractéristiques d'une force – le vecteur force 22
    Activité 3 : la tension d'un fil et ses caractéristiques 23
    Activité 4 : la tension d'un ressort et ses caractéristiques 24
    Activité 5 : L'expression de la tension d'un ressort 25
    Activité 6 : la réaction d'un support et ses caractéristiques 26
    Activité 7 : le principe des actions réciproques 27

Chapitre 3 28
    Plan de la leçon 29
    Activité 1 : conditions d'équilibre d'un solide soumis à deux forces 30
    Activité 2 : le poids et le centre de gravité 31
    Activité 3 : équilibre d'un solide accroché à un ressort 33

Activité 4 : conditions relatives aux supports de trois forces maintenant un solide en équilibre 34

Activité 5 : conditions relatives à la somme vectorielle de trois forces maintenant un solide en équilibre .. 35

Chapitre 4 37

    Plan de la leçon 38

    Activité 1 : Le mouvement de rotation d'un solide autour d'un axe fixe 39

    Activité 2 : L'effet d'une force appliquée sur un solide mobile autour d'un axe fixe 40

    Activité 3 : L'effet d'une force orthogonale appliquée sur un solide mobile autour d'un axe fixe 42

    Activité 4 : L'effet d'une force non orthogonale appliquée sur un solide mobile autour d'un axe fixe 44

    Activité 5 : Le moment d'une force orthogonale 45

    Activité 6 : Le moment d'une force non orthogonale 47

    Activité 7 : Le moment d'un couple de forces 48

    Activité 8 : La condition d'équilibre d'un solide mobile autour d'un axe fixe : théorème des moments 50

Bibliographie 53

1. Introduction

La science est un moyen de construction de savoirs, une méthode pour comprendre les phénomènes de la nature. Les sciences et la technologie sont des disciplines qui décrivent et expliquent les phénomènes qui nous entourent. Elles imprègnent presque tous les aspects de la vie moderne et détiennent la clé pour résoudre un grand nombre de défis actuels et futurs les plus pressants de l'humanité. Leur enseignement assure à toute société, la maîtrise de la science, de leurs valeurs, leurs concepts et leurs objectifs.

Sur les méthodes d'enseignement de cette discipline, les chercheurs sont unanimes qu'un enseignement expérimental s'impose même s'ils ne conçoivent pas cet enseignement de la même manière (GIORDAN, 1978, 1999 ; ASTOLFI, 1989 ; DEVELAY, 1989 ; BURBULES et LINN, 1991). Sur le plan international, des stratégies ont été mises en œuvre pour répondre à cet impératif et ont toutes un point commun (la Démarche d'Investigation en Europe, l'Inquiry-based Science Education (IBSE), ou Inquiry Based Science Teaching (IBST) dans les pays anglo-saxons, l'approche ASEI/PDSI en Asie). Toutes ces innovations ont un point commun : l'élève doit être placé au centre de ses apprentissages et est l'artisan de la construction du savoir.

2. La position du problème

Le contexte du Burkina ne facilite pas l'enseignement des sciences en générale et des sciences physiques en particulier. Un nombre d'infrastructures insuffisant et sous équipés, une formation insuffisante des enseignants, des méthodes pédagogiques et didactiques inappropriées sont autan de problèmes qui minent l'enseignement des sciences physiques au Burkina Faso. L'une des conséquences de cette situation est la prédominance de pratiques enseignantes qui ne facilitent pas l'appropriation du savoir par les élèves. Toute démarche pédagogique qui ne place pas l'élève au centre de ses apprentissages ne lui permet pas de se construire le savoir scientifiques.

Les programmes rénovés de sciences physiques au Burkina Faso préconisent un enseignement expérimental de cette discipline où des activités expérimentales sont réalisées. Les approches misent en œuvre dans ces activités sont inductivistes. Elles reposent sur l'analyse, en classe, d'une expérience prototypique à partir de laquelle sont mis en évidence les concepts et les lois. L'expérience idéalisée et schématisée où tous les obstacles ont été ignorés est prise comme point de départ et vise à conduire l'apprenant à une vérité à laquelle on voulait aboutir. L'élève réalise l'expérience choisie par l'enseignant en suivant un protocole, observe, réalise des mesures, note les résultats et répond aux questions préparées par l'enseignant qui conduisent à la conclusion. À partir des quelques résultats obtenus, les élèves sont invités à généraliser pour aboutir aux lois de la physique qui sont dans leur programme. Cette démarche consiste à « aller du particulier au général ». Ce passage des faits à la loi s'appuie sur la rigueur, l'observation et la mesure. L'usage de cette démarche peut être utile à la construction des connaissances, dans la mesure où elle permet à l'élève de se confronter au réel en utilisant du matériel et des dispositifs dont il doit connaître le principe.

Cependant l'usage quasi-systématique de la démarche inductiviste dans l'enseignement de cette discipline pose un problème épistémologique qu'il convient de se préoccuper. Elle risque de donner une représentation réductrice de l'activité scientifique à l'élève au niveau de la validation des connaissances car il ne perçoit pas l'aspect investigation qu'on lui réserve. D'autre part, l'autonomie de l'élève n'est pas suffisamment engagée, sa curiosité et son esprit critique n'ont pas l'occasion de se manifester. L'occasion ne lui est jamais donnée de poser des questions de sciences, de formuler des hypothèses et donc de traduire ses conceptions des phénomènes. Une autre limite de cette démarche est qu'elle entretient la confusion entre le monde des objets et le monde des théories et des modèles. Il n'est pas toujours capable de préciser le monde dans lequel il raisonne ou agit. Le fait d'établir une relation à partir des observations de faits peut le conduire à confondre le monde réel et l'ensemble des symboles des grandeurs et des signes qu'on lui associe. Ce modèle didactique favorise t-il le fonctionnement cognitif optimum de l'élève ? L'élève n'est-il pas un spectateur d'un raisonnement sans tâtonnement et construit sans lui ? N'est ce pas une nouvelle forme de dogmatisme ? Forme-t-on l'esprit scientifique de l'élève prôné par les programmes ?

Nous pouvons donc légitimement nous poser cette question : quelles approches pour un enseignement efficace des sciences physiques dans le contexte du Burkina Faso ?

C'est pour apporter une proposition de réponse à cette question que nous avons initié d'expérimenter une approche basée sur l'investigation qui fait l'objet de ce document.

3. Le constructivisme comme cadre théorique de référence

Les approches d'enseignement/apprentissage de ces dernières années sont fondées sur des théories constructivistes. Cette théorie est aujourd'hui sur toutes les lèvres et est évoquée par les concepteurs de nombreux programmes d'études. Elle parait être un paradigme de la construction du savoir à l'école et déterminant pour les programmes d'étude.

Selon cette théorie, la connaissance ne se trouve ni dans l'objet de connaissance, ni dans le sujet apprenant. Elle est le résultat de leur interaction. C'est dans les interactions entre les anciennes connaissances et l'objet de connaissance que, de nouvelles connaissances sont construites. L'objet de connaissance qui existe et qui est réel, le sujet connaissant n'y accède que par son propre projet de connaissance. Il pose des actions sur l'objet de connaissance, sur ses propres anciennes connaissances et sur les opérations qu'il réalise avec ses anciennes connaissances sur cet objet. Des interactions s'établissent entre l'objet de connaissance et les connaissances plus anciennes de l'apprenant par un mouvement de va-et-vient entre les propres réflexions de ce dernier sur l'objet de connaissance et celles qu'il développe à propos de ses actions sur l'objet de connaissance. C'est dans ces interactions que le sujet connaissant se construit des connaissances viables à propos de l'objet de connaissance. L'hypothèse constructiviste postule que le sujet connaissant construit ses connaissances par ses actions, ses expériences, sa réflexion sur ses actions et ses expériences et ses projets de connaissances.

La théorie du constructivisme est le cadre de référence des activités conçues de ce document. Ces activités portent sur la partie mécanique de la physique du programme de la classe de seconde C. La réalisation de ces activités devrait permettre aux élèves d'acquérir des connaissances en mécaniques.

4. Les séquences d'activités

La classe de seconde C nous a paru idéale pour mener cette expérimentation. Parce que c'est une classe charnière dans le futur cursus scientifique de l'élève : première année d'orientation pour des études scientifiques, initiation à la démarche scientifique, socle pour les classes de terminales scientifiques et des études supérieures scientifiques. Dans cette classe, l'élève doit mûrir son choix d'orientation et prendre conscience de l'importance de l'enseignement scientifique dans son parcours de formation. Il doit retrouver la curiosité et le goût d'apprendre grâce à des activités motivantes, prendre conscience de leurs potentialités dans des conditions propices à l'expression de leurs savoir-faire.

Nous nous sommes intéressés à la partie mécanique du programme de sciences physiques de cette classe. La mécanique est une partie clé de la physique et les concepts manipulés sont très imbriqués avec des notions souvent évoquées, voire ressenties, dans la vie quotidienne : vitesse, force, énergie, élan... De nombreux travaux au Burkina Faso ont montré que le domaine de la mécanique comporte diverses difficultés liées à l'enseignement/apprentissage de ce domaine à tous les niveaux d'enseignement (IVO et OUATTARA, 2008 ; OUATTARA et OUEDRAOGO, 2012 ; OUATTARA et BELEMKOABGA, 2012). Toute chose qui nous a orienté en vue d'apporter des propositions d'amélioration à l'enseignement de cette partie du programme.

Pour chacun des quatre chapitres que comporte la mécanique en classe de seconde C, nous avons identifié des activités à mettre en œuvre. Ces activités visent des notions et des objectifs définis dans le programme par le service de l'inspection de sciences physiques de la Direction Générale des Inspections et de la Formation des Personnels de l'Education du Burkina Faso. Chaque activité est consignée sur une fiche élève où figure les pré-requis nécessaires et les objectifs spécifiques y afférents. Au regard de l'activité, une colonne est réservée aux résultats des investigations des élèves et une autre pour leur conclusion par rapport à la notion en question. Les activités sont des situations prises dans l'environnement des élèves suivies de questionnements qui devront amener les élèves à découvrir la notion abordée.

5. Les étapes de la démarche QHA

La démarche que nous proposons pour l'enseignement des sciences physiques au Burkina comporte essentiellement cinq (05) moments où chacun des acteurs du processus enseignement/apprentissage joue un rôle précis.

5.1. La situation de départ

Sur la fiche d'activité proposée, une situation tirée du vécu quotidien des élèves leur est présentée. Chaque activité vise des objectifs spécifiques bien définis et précisés sur la fiche. Elles sont accompagnées d'un questionnement qui amène l'élève à réaliser des tâches lui permettant de se construire des connaissances à propos de la notion. La situation de départ est la situation d'apprentissage de base, constructiviste par excellence. Elle favorise en effet le développement d'un conflit cognitif à même de générer des changements conceptuels, de faire progresser les élèves.

5.2. Le travail d'investigation de groupe

Par petits groupes, les élèves mènent des investigations. Ils interagissent, échangent, co-élaborent des conjectures, des hypothèses en guise de réponses aux questionnements, réalisent les expériences pour vérifier leurs réponses. Une conclusion est tirée à la fin de l'activité en rapport avec la notion étudiée.

Cette phase de l'apprentissage développe chez l'élève la capacité à apprendre, à comprendre, à analyser un phénomène. Le travail en équipe donne, de plus, une image de la pratique scientifique aux élèves. L'écrit a un impact décisif sur le développement de la pensée critique et scientifique de l'élève. Il joue un rôle important dans la stabilisation des énoncés et le cadrage des interactions dans les échanges entre élèves en position de chercheurs (LATOUR, 1989 ; LATOUR et WOOLGAR 1988).

5.3. La présentation des résultats de recherche

Moment de débat dans le groupe classe, les élèves présentent les travaux de leurs investigations. Pour la présentation des travaux, deux possibilités s'offrent à l'enseignant en fonction des conditions de travail. Un groupe présente les résultats de ses investigations à l'ensemble de la classe. Les autres réagissent en confrontant leurs résultats avec ceux présentés. Cette manière de procéder a l'avantage de gagner du temps mais ne renseigne pas l'enseignant sur toutes les conceptions des élèves. Une autre possibilité est de faire présenter les résultats de tous les groupes. Tous les élèves réagissent en confrontant leurs résultats. Cette manière de procéder à l'avantage de permettre à l'enseignant d'avoir un bon nombre de conceptions d'élèves mais exige du temps. Pendant cette étape, le professeur joue le rôle de guide en aidant les élèves à faire évoluer leur réflexion, d'animateur en structurant la réflexion, de régulateur en conseillant et en gérant le temps

5.4. L'institutionnalisation de connaissances

Cette démarche conduit à la fin de l'activité, à l'institutionnalisation de connaissances. Les élèves sont sollicités pour établir des connaissances nouvelles et durables. Le professeur joue le rôle de coordinateur en formalisant, en aidant les élèves à l'élaboration des traces écrites. Il est maintenant reconnu par la psychopédagogie que l'apprentissage est facilité quand l'apprenant peut énoncer les connaissances avec ses propres mots. L'enseignant utilise la synthèse produite par les élèves chaque fois que cela est possible.

5.5. L'évaluation des acquis

L'étape de l'évaluation intervient à la fin de l'activité. Elle permet de mesurer le degré d'atteinte des objectifs de l'activité. Il permet également à l'enseignant de s'apercevoir de l'évolution des conceptions des élèves.

Chapitre 1

La notion de mouvement

Plan de la leçon
I. **Introduction**
II. **La position**

> *Activité 1*

1. Le mouvement à une dimension
   a. Abscisse
   b. Abscisse curviligne
2. Le mouvement à deux dimensions
   a. Coordonnées cartésiennes
   b. Coordonnées polaires
3. Le mouvement à trois dimensions
4. La relativité des coordonnées de la position
   a. Cas général

> *Activité 2*

   b. Cas particulier

> *Activité 3*

5. La relativité du mouvement

> *Activité 4*

6. L'unité de la longueur

III. **La date**
IV. **La trajectoire**
V. **La vitesse**

> *Activité 5*

1. La vitesse moyenne
2. La vitesse instantanée
3. Vitesse instantanée et types de mouvement
4. Le vecteur vitesse

> *Activité 6*

   a. Vecteur vitesse moyenne
   b. Vecteur vitesse instantanée

5. Vitesse et mouvement des points d'un solide
    a.   Solide en mouvement de translation
    b.   Solide en mouvement de rotation autour d'un axe fixe

Activité 1 : La position

	Durée		
Pré-requis	2 min	**Objectifs spécifiques**	– Placer un point dans un repère cartésien à une ou deux dimensions – Repérer un point dans un repère d'espace par ses coordonnées
– Un référentiel – Un repère d'espace			

Activités	Durée	Investigation – résultats	Conclusion
1) Un car de voyage démarre à Koudougou pour Ouaga à 7h. Comment repérer la position du car à un instant donné ? 2) Une bille est posée sur une table comme l'indique la figure 1. **Figure 1 : Une bille sur une table** a) Comment repérer la position de la bille ? b) Donner alors la position de la bille sur la figure 2. Unité de mesure : le centimètre. 3) **Conclusion** : comment repérer la position d'un système ?	20 min	1) 2) a) b) **Figure 2 : Vue de dessus de la bille sur la table**	3)

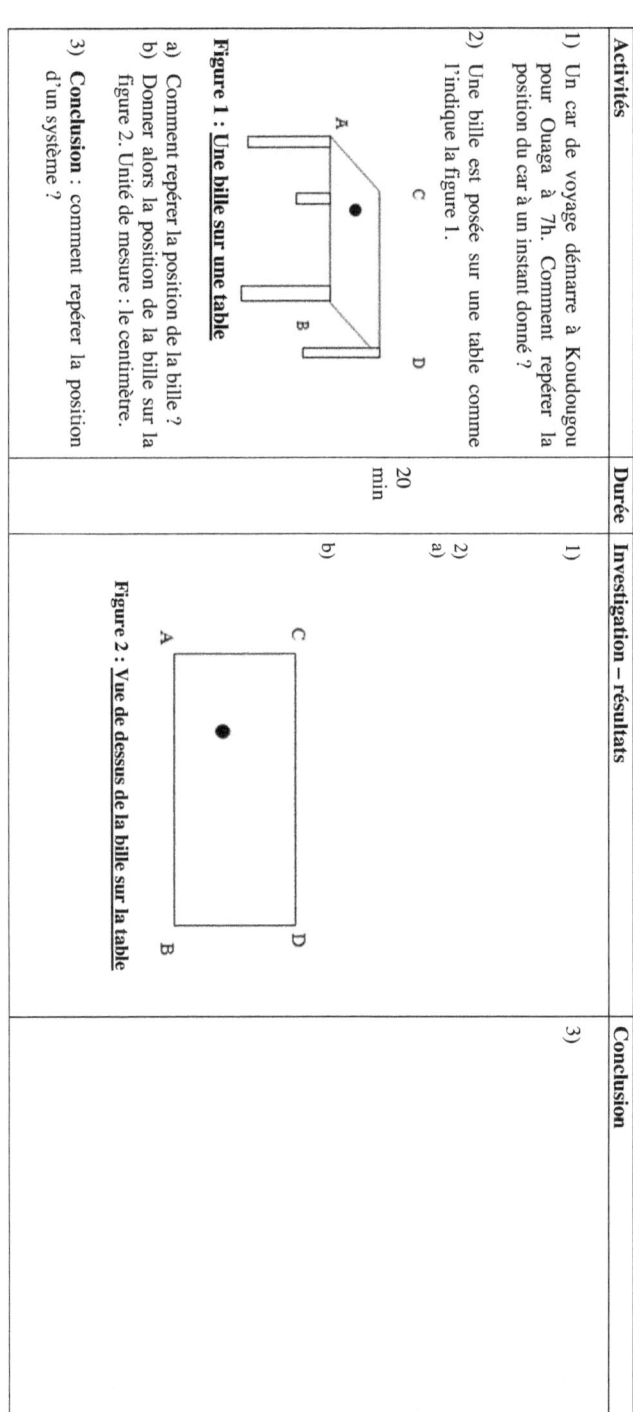

Activité 2 : la relativité des coordonnées de la position d'un système

Pré-requis	Durée	Objectifs spécifiques	– Expliquer la relativité de la position

Activités	Durée	Investigation – résultats	Conclusion
1) La distance Koudougou-Ouaga est 100 km et la ville de Kokologho, située entre ces 2 villes est à 45 km de Ouaga. Le passager d'un car de voyage dit à sa voisine à l'entrée de kokologho : nous sommes à 55 km de Koudougou. Sa voisine lui répond : non, nous sommes à 45 km de Ouaga. a) Ces deux affirmations sont elles contradictoires ? b) Justifier votre réponse. 2) Soit deux repères orthonormés $R(O;\vec{i},\vec{j})$; $R'(O';\vec{i},\vec{j})$ et la position M d'un point mobile (voir figure ci-contre). a) Indiquer sur la figure les coordonnées x et y de M dans R ainsi que ses coordonnées x' et y' dans R'. b) x est-il identique à x' ? y est-il identique à y' ? 3) **Conclusion** : que peut-on dire des coordonnées d'un système ?	20 min	1) a) b) 2) **Figure : Position d'un point matériel dans deux repères différents** a) b)	3)

Activité 3 : coordonnées d'un point matériel dans deux repères orthonormés de mêmes vecteurs de base

Pré-requis	Durée	Objectifs spécifiques
- Égalité entre deux vecteurs - Relation de Chasles	2 min	- Donner les relations de passage des coordonnées d'un point entre deux repères cartésiens de mêmes vecteurs de base

Activités	Durée	Investigation – résultats	Conclusion
Soit deux repères orthonormés $R(O;\vec{i},\vec{j})$ et $R'(O';\vec{i},\vec{j})$ de mêmes vecteurs de base et la position M d'un point mobile. Les coordonnées de O', origine de R' dans R sont (x_0, y_0). M a pour coordonnées (x, y) dans R et (x', y') dans R'. 1) Exprimer le vecteur position $\overrightarrow{OM}$ du point mobile M dans le repère R en fonction du vecteur $\overrightarrow{OO'}$ dans R et du vecteur position $\overrightarrow{O'M}$ de M dans le repère R'. 2) Utiliser les coordonnées de ces vecteurs pour traduire cette égalité 3) **Conclusion** : donner une relation entre les coordonnées de la position M du mobile dans R et celles dans R'.	20 min	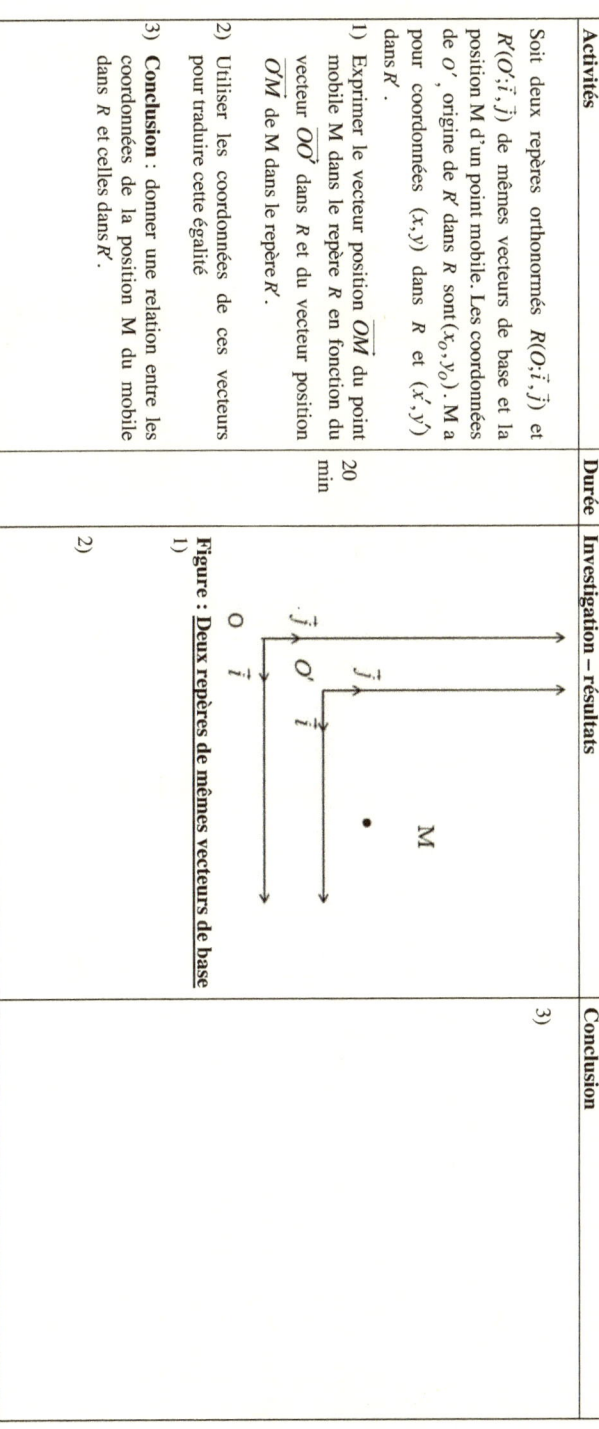 **Figure** : <u>Deux repères de mêmes vecteurs de base</u> 1) 2) 3)	

Activité 4 : la relativité du mouvement

Pré-requis	Durée
− Un système mécanique − Un système en mouvement − Un système au repos − Un référentiel	3 min

Objectifs spécifiques	− Expliquer le caractère relatif d'un mouvement

Activités	Durée	Investigation – résultats	Conclusion
Awa et Basile sont assis dans un car roulant sur une route rectiligne horizontale. Leur ami Karim, arrêté au bord de la route les observe passer. Awa dit : Basile est immobile Karim affirme : Basile est en mouvement. 1) Ces deux affirmations sont-elles contradictoires ? 2) Justifier votre réponse. 3) **Conclusion** : que peut-on dire du mouvement d'un corps.	10 min	1) 2)	3)

Activité 5 : vitesse moyenne – vitesse instantanée

Pré-requis	Durée	Objectifs spécifiques	Durée
– Calcul de la vitesse	1 min	– Définir la vitesse moyenne – Calculer la vitesse moyenne – Définir la vitesse instantanée	1 min

Activités	Durée	Investigation – résultats	Conclusion
Le car d'une compagnie de transport parcourt la distance Ouaga-Bobo longue de 360 km en 5 heures. 1) Comment calculer la vitesse du car entre les deux villes ? 2) Quelle est alors cette vitesse ? 3) Cette vitesse garde-t-elle la même valeur entre deux villages quelconques du parcours ? 4) Sinon, comment déterminer la vitesse du car à chaque instant du voyage ? 5) **Conclusion** : définir la vitesse à chaque instant ou vitesse instantanée d'un système mobile.	10 min	1) 2) 3) 4)	5)

17

Activité 6 : vecteur-vitesse d'un point mobile

Pré-requis	Durée	Objectifs spécifiques	– Donner les caractéristiques d'un vecteur-vitesse

Activités	Durée	Investigation – résultats	Conclusion
1) Au carrefour de la figure ci-contre, l'information « la moto traverse le carrefour à la vitesse v = 40 km/h » vous permet-elle d'identifier la direction et le sens de déplacement de la moto ? Justifier votre réponse.	10 min	**Figure : Croisement de deux routes** (A, B, C, D)	4)
2) Si non, proposer une reformulation de l'information qui permet d'identifier le sens et la direction de déplacement de la moto.		1)	
3) Comment obtenir ces caractéristiques à partir de la vitesse ?		2)	
4) **Conclusion** : donner les caractéristiques du vecteur-vitesse d'un mobile.		3)	

Chapitre 2

Les forces

Plan de la leçon

I. Les actions mécaniques
 1. Les manifestations d'une action mécanique

 > *Activité 1*

 2. La force
   a. La notion d'une force exercée
   b. Les caractéristiques d'une force

 > *Activité 2*

   c. L'unité et la mesure de la force
   d. Le vecteur force

II. Exemples de forces
 1. Forces de contact – Forces à distance
 2. Le poids
 3. La tension d'un fil

 > *Activité 3*

 4. La tension d'un ressort
   a. Les caractéristiques de la tension d'un ressort

 > *Activité 4*

   b. L'expression de l'intensité de la tension d'un ressort

 > *Activité 5*

 5. La réaction d'un support

 > *Activité 6*

 6. Les forces de pression

III. Le principe des actions réciproques
 1. Mise en évidence

 > *Activité 7*

 2. Enoncé du principe des actions réciproques

Activité 1 : les effets d'une force

Pré-requis	Durée	Objectifs spécifiques	- Citer les effets d'une force

Activités	Durée	Investigation – résultats	Conclusion
1) Dire ce qui se passe dans chacun des cas suivants : a) Lorsqu'un joueur de football donne un coup de pied à un ballon initialement au repos. b) Lorsqu'un fruit tombe d'un arbre et se heurte à une branche de l'arbre. c) Lorsqu'un élève tire sur les deux extrémités d'un ressort. d) Lorsqu'on dépose un livre sur une table. 2) Qu'est ce qui est à l'origine de ces observations ? 3) **Conclusion** : donner les différents effets possibles de la cause des observations faites.	10 min	1) a) b) c) d) 2)	3)

Activité 2 : les caractéristiques d'une force – le vecteur force

Pré-requis	Durée	Objectifs spécifiques
– Caractéristiques d'un vecteur – Effets d'une force	2 min	– Citer les caractéristiques d'une force – Représenter une force par un vecteur en utilisant une échelle

Activités	Durée	Investigation – résultats	Conclusion
Un élève tire à l'aide de la main sur l'extrémité libre d'un ressort de trois manières comme l'indique les figures ci-dessous **Figure : Ressort déformé de différentes manières** 1) Quelle est la cause de ces différentes déformations du ressort ? 2) a) Observer les schémas ci-dessus, les comparer deux à deux et dire ce qui les différencie. b) Citer les notions mises en évidence dans chaque comparaison. 3) Quelle grandeur mathématique a les mêmes propriétés ? 4) **Conclusion** : donner les caractéristiques d'une force.	20 min	1) 2) a) b) 3)	4)

Activité 3 : la tension d'un fil et ses caractéristiques

Pré-requis	Durée	Objectifs spécifiques	
- Effets d'une force	1 min	- Définir la tension d'un fil - Donner les caractéristiques de la tension d'un fil - Représenter la tension d'un fil	

Activités	Durée	Investigation – résultats	Conclusion
Un solide est suspendu à un fil comme l'indique la figure ci-contre. 1) Pourquoi le solide ne tombe-t-il pas ? Justifier. 2) Quelle est le nom de cette action mécanique? 3) Donner ses caractéristiques puis représenter. 4) **Conclusion** : donner la définition de la tension d'un fil.	15 min	1) 2) 3)	4)

Figure : Solide suspendu à un fil

Activité 4 : la tension d'un ressort et ses caractéristiques

Pré-requis	Durée	Objectifs spécifiques
– Caractéristiques d'une force	1 min	– Définir la tension d'un ressort – Donner les caractéristiques de la tension d'un ressort – Représenter la tension d'un ressort

Activités	Durée	Investigation – résultats	Conclusion
Sur un solide accroché à l'extrémité libre d'un ressort horizontal, un élève exerce une force pour étirer (cas 1) puis pour comprimer (cas 2) le ressort. Cas 1 : **Ressort étiré** Cas 2 : **Ressort comprimé** 1) Que se passe-t-il pour le solide lorsque l'élève cesse d'exercer la force dans chacun des cas? 2) Quelle est l'action mécanique responsable de ces observations ? 3) Dans chaque cas, donner les caractéristiques de cette action mécanique puis les représenter en utilisant les figures ci-contre. 4) **Conclusion** : donner la définition de la tension d'un ressort.	20 min	1) 2) 3) Cas 1 : **Ressort étiré** Cas 2 : **Ressort comprimé**	4)

Activité 5 : L'expression de la tension d'un ressort

Pré-requis	Durée	Objectifs spécifiques
- Allongement d'un ressort	1 min	- Donner la relation entre la tension d'un ressort et son allongement - Etablir la relation $T = k.x$

Activités	Durée	Investigation – résultats	Conclusion
En exerçant une force sur l'extrémité libre du dynamomètre, le ressort s'allonge. Le dynamomètre indique alors l'intensité T de la tension du ressort et la règle mesure son allongement x. Ressort Dynamomètre Règle **Figure : Mesure de la tension d'un ressort T et de son allongement x** Pour différentes forces exercées, on note la tension T du ressort et son allongement x correspondant. 1) Compléter le tableau ci-contre. Quel constat peut-on faire ? 2) Que peut-on dire de T et x pour une valeur de T comprise entre 2 et 18 N? Comment appelle-t-on ce domaine ? 3) **Conclusion** : donner la relation entre la tension T du ressort et son allongement x dans le domaine ci-dessus défini.	25 min	1) | T (N)	2	6	10	14	18	22	26	30
---	---	---	---	---	---	---	---	---
x (m)	0,01	0,03	0,05	0,07	0,09	0,12	0,15	0,2
T/x									 **Tableau : valeurs de la tension du ressort en fonction de son allongement** 2)	3)

25

Activité 6 : la réaction d'un support et ses caractéristiques

Pré-requis	Durée	Objectifs spécifiques	
– Caractéristiques d'une force	1 min	– Définir la réaction d'un support – Donner les caractéristiques de la réaction d'un support – Représenter la réaction d'un support	

Activités	Durée	Investigation – résultats	Conclusion
Une boule en acier est immobile sur une table horizontale et lisse (figure ci-contre).		1)	
1) Pourquoi la boule ne s'enfonce t- elle pas dans la table ?		2)	
2) Quelle en est la cause ?		3)	
3) Donner les caractéristiques de cette cause puis la représenter.	20 min		4)
4) **Conclusion** : définir la réaction d'un support.		**Figure : Boule en acier immobile sur une table**	

Activité 7 : le principe des actions réciproques

Pré-requis	Durée	Objectifs spécifiques
- Vecteurs opposés	1 min	- Enoncer le principe des actions réciproques - Définir deux forces opposées

Activités	Durée	Investigation – résultats	Conclusion
Deux dynamomètres reliés entre eux sont tendus à l'aide de deux masses comme l'indique la figure ci-dessous. **Figure : Deux dynamomètres en interaction** Le dynamomètre D_1 tire sur le dynamomètre D_2, donc exerce une force $\vec{F_1}$ sur celui-ci. Réciproquement le dynamomètre D_2 tire sur le dynamomètre D_1, donc exerce une force $\vec{F_2}$ sur celui-ci. On dit que les deux dynamomètres sont en interaction. On note qu'ils indiquent la même valeur. 1) A partir du point de contact O ci-contre, représenter les deux forces $\vec{F_1}$ et $\vec{F_2}$. 2) Comparer les caractéristiques de ces forces. Que peut-on dire de ces forces ? 3) Donner la définition de deux forces opposées. 4) **Conclusion** : donner les propriétés des forces mises en jeu dans une interaction entre deux corps.	20 min	1) 2) ● O 3)	4)

27

Chapitre 3
L'équilibre d'un solide soumis à un ensemble de forces

Plan de la leçon

I. Généralités
II. Solide soumis à deux forces
    1. Conditions nécessaires à cet équilibre

$$\boxed{\textit{Activité 1}}$$

    2. Applications et études de cas
        a. Poids et centre de gravité

$$\boxed{\textit{Activité 2}}$$

        b. Equilibre d'un solide accroché à un ressort

$$\boxed{\textit{Activité 3}}$$

        c. Equilibre d'un solide sur un plan horizontal ou incliné

III. Solide soumis à un ensemble de forces concourantes
    1. Solide soumis à trois forces
        a. Conditions relatives aux supports des trois forces

$$\boxed{\textit{Activité 4}}$$

        b. Conditions relatives à la somme vectorielle des trois forces

$$\boxed{\textit{Activité 5}}$$

        c. Conclusion
    2. Etudes de cas
        a. Equilibre sur un plan incliné
        b. Equilibre d'un pendule électrique

Activité 1 : conditions d'équilibre d'un solide soumis à deux forces

Pré-requis		Durée	
– Caractéristiques d'une force – Forces opposées		1 min	
	Objectifs spécifiques	– Enoncer les conditions d'équilibre d'un solide soumis à deux forces	

Activités	Durée	Investigation – résultats	Conclusion
Un solide de masse suffisamment faible de manière à négliger son poids devant les autres forces est maintenu en équilibre par deux fils tendus (figure 2). En remplaçant les fils par des dynamomètres, ils indiquent la même valeur $F_1 = F_2 = 4$ N (figure 1). **Figure 1 : solide maintenu en équilibre par deux dynamomètres** 1) Sur la figure 2, quelles sont les forces qui s'exercent sur le solide ? 2) Représenter ces forces avec l'échelle 1 N ↔ 0,5 cm 3) Comparer leurs caractéristiques supports ou droites d'action, sens, et intensités. 4) **Conclusion :** donner les conditions d'équilibre d'un solide soumis à deux forces.	20 min	1) 2) **Figure 2 : solide maintenu en équilibre par deux fils** 3)	4)

Activité 2 : le poids et le centre de gravité

Pré-requis	Durée	Objectifs spécifiques
		– Déterminer le centre de graviter d'un solide plat – Définir le centre de gravité

Activités	Durée	Investigation – résultats	Conclusion
On suspend une plaque métallique de masse M à un fil en un point A comme l'indique la figure ci-dessous. Elle est en équilibre. **Figure 1 : Plaque suspendue à un fil** 1) Quelles sont les forces qui s'exercent sur la plaque ? 2) Comment sont leurs supports ou droites d'action ?	20 min	1) 2)	

3) On change de point de suspension plusieurs fois et on matérialise la direction du fil sur la plaque à chaque fois. La figure ci-dessous indique ce qu'on obtient.

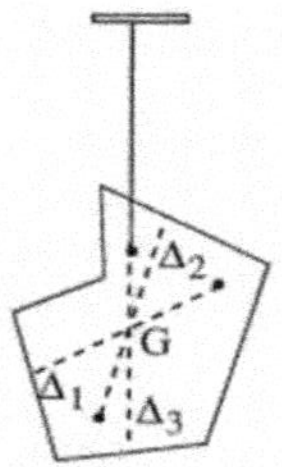

Figure 2 : Matérialisations de la direction du fil sur la plaque

a) Quel constat peut-on faire ?

b) Que représente le point G ?

c) **Conclusion** : définir le centre de gravité d'un corps.

3)
a)

b)

c)

Activité 3 : équilibre d'un solide accroché à un ressort

Pré-requis	Durée	Objectifs spécifiques
		− Utiliser un ressort étalonné pour déterminer une force.

Activités	Durée	Investigation – résultats	Conclusion
Un solide S est accroché à un ressort R en un point A comme l'indique la figure ci-contre. 1) Quelles sont les forces qui s'exercent sur le solide S ? 2) Représenter ces forces sur la figure ci-contre. 3) Le solide étant en équilibre, quelle est la relation qui lie les intensités de ces forces ? 4) **Conclusion** : donner l'utilité d'un ressort.	15 min	1) 2) *Figure : Solide en équilibre suspendu à un ressort* 3)	4)

Activité 4 : conditions relatives aux supports de trois forces maintenant un solide en équilibre

Pré-requis	Durée
- somme vectorielle de deux forces opposées	

Objectifs spécifiques	
- Enoncer les conditions relatives aux supports de trois forces maintenant un solide en équilibre. - Faire l'inventaire des forces appliquées à un solide soumis à trois forces	

Activités	Durée	Investigation – résultats	Conclusion
Un solide de masse très faible de manière à négliger son poids devant les autres forces est maintenu en équilibre sous l'action de trois fils tendus. (figure ci-contre)	15 min	1) 2) Figure : **solide de masse négligeable maintenu en équilibre par trois fils**	3)
1) Quelles sont les forces qui s'exercent sur le solide ?			
2) Représenter leurs supports sur la figure ci-contre. Que constate-t-on ?			
3) **Conclusion** : donner les conditions relatives aux supports de trois forces maintenant un solide en équilibre.			

Activité 5 : conditions relatives à la somme vectorielle de trois forces maintenant un solide en équilibre

Pré-requis	Durée	Objectifs spécifiques
- Construction de la somme vectorielle de 2 vecteurs - Somme vectorielle de deux forces opposées	3 min	- Enoncer les conditions nécessaires à l'équilibre d'un solide soumis à trois forces - Etablir le bilan des forces appliquées à un solide soumis à trois forces

Activités	Durée	Investigation – résultats	Conclusion
Pour mesurer les intensités des trois forces, on remplace les fils par des dynamomètres en conservant les mêmes points d'accrochage. **Figure 1 : Mesure des tensions des fils** Les trois vecteurs forces sont représentés sur la figure 2 avec une échelle à partir de leur point de concourrence. 1) Construire sur la figure 2 la somme vectorielle $\vec{F} = \vec{F_1} + \vec{F_2}$ .Comparer $\vec{F}$ et $\vec{F_3}$.	20 min	1) **Figure 2 : Représentation des tois vecteurs force**	

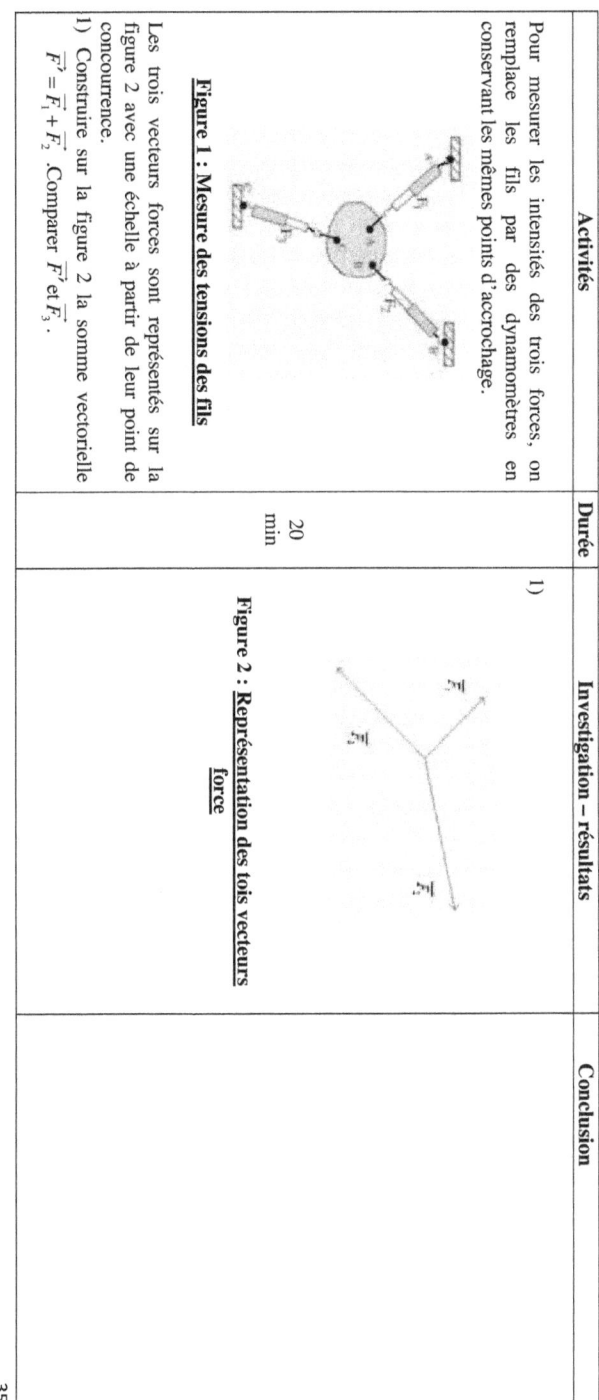

35

2) En déduire la somme vectorielle $\vec{F} = \vec{F_1} + \vec{F_2} + \vec{F_3}$

3) **Conclusion** : donner la condition sur la somme vectorielle de trois forces maintenant un solide en équilibre. En déduire les conditions d'équilibre d'un solide soumis à trois forces.

Chapitre 4

L'équilibre d'un solide mobile autour d'un axe fixe

Plan de la leçon

I. **Le moment d'une force par rapport à un axe**
   1. Rotation d'un solide autour d'un axe

   $$\boxed{ACTIVITE\ 1}$$

   2. Effet d'une force appliquée à un solide mobile autour d'un axe fixe

   $$\boxed{ACTIVITE\ 2}$$

   3. Moment d'une force orthogonale
      a. L'effet d'une force orthogonale

   $$\boxed{ACTIVITE\ 3}$$

      b. L'effet d'une force non orthogonale

   $$\boxed{ACTIVITE\ 4}$$

      c. Le moment d'une force orthogonale

   $$\boxed{ACTIVITE\ 5}$$

   4. Moment d'une force quelconque

   $$\boxed{ACTIVITE\ 6}$$

   5. Le moment algébrique

II. **Le moment d'un couple de forces**
   1. Définition d'un couple de forces
   2. Le moment d'un couple de forces

   $$\boxed{ACTIVITE\ 7}$$

III. **L'équilibre d'un solide**
   1. Condition d'équilibre d'un solide mobile autour d'un axe fixe : le théorème des moments

   $$\boxed{ACTIVITE\ 8}$$

   2. Conditions générales d'équilibre d'un solide

Activité 1 : Le mouvement de rotation d'un solide autour d'un axe fixe

Pré-requis	Durée	Objectifs spécifiques		
		– Citer des exemples de mouvement de rotation – Définir un mouvement de rotation		

Activités	Durée	Investigation – résultats	Conclusion
La figure ci-contre représente la porte d'une salle. 1) Quelle est la nature du mouvement de la porte lorsqu'on la tire ou la pousse ? 2) Citer d'autres mouvements de même nature. 3) Quelle est la caractéristique commune à ces mouvements ? 4) **Conclusion** : quand est-ce qu'un solide est en mouvement de rotation autour d'un axe fixe ?	15 min	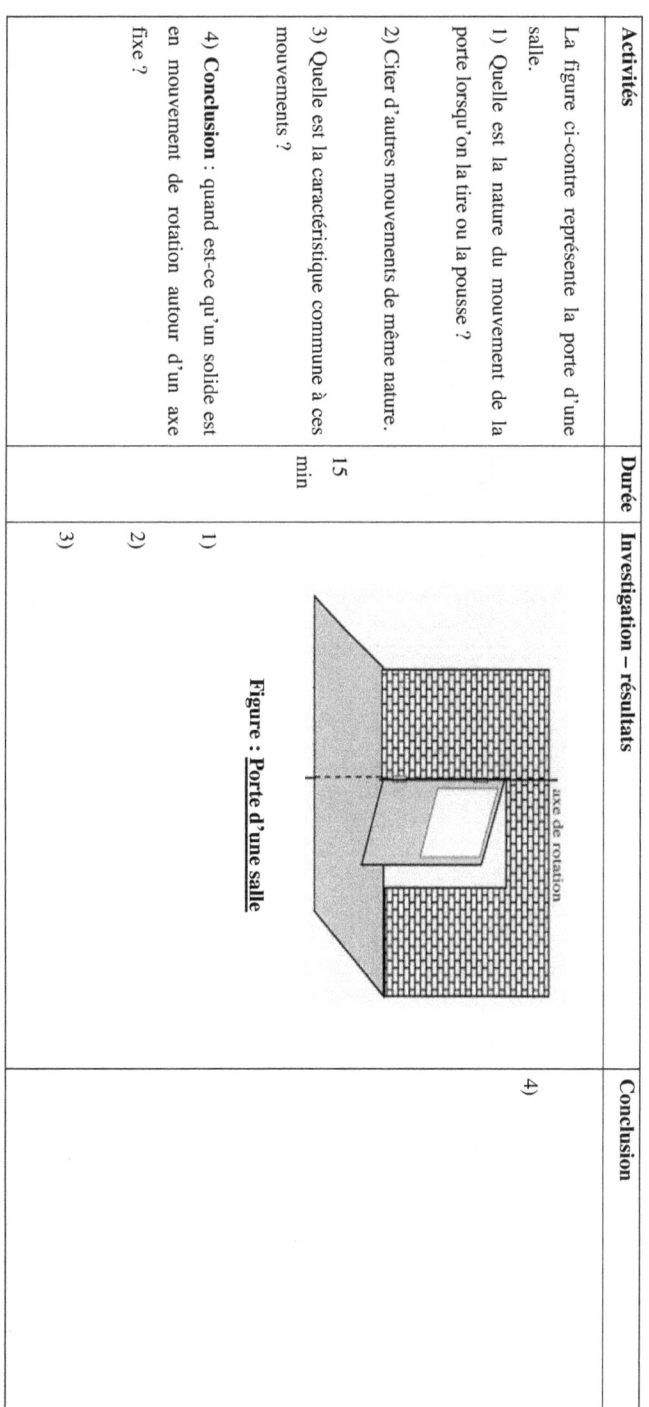 **Figure : Porte d'une salle** 1) 2) 3)	4)

Activité 2 : L'effet d'une force appliquée sur un solide mobile autour d'un axe fixe

Pré-requis	Durée	Objectifs spécifiques
– Les caractéristiques d'une force – Représentation d'une force	3 min	– Identifier des forces ayant un effet de rotation – Donner les conditions de l'effet rotation d'une force – Définir une force orthogonale

Activités	Durée	Investigation – résultats	Conclusion
On considère des forces qui s'exercent sur une porte comme l'indique la figure ci-contre. 1) Compléter le tableau ci-contre. 2) Vérifier expérimentalement vos réponses. Les résultats sont-ils conformes aux prévisions ? 3) Que peut-on dire de la direction des forces $\vec{F_3}, \vec{F_4}, \vec{F_5}$ par rapport à l'axe de rotation ? Comment appelle-t-on ces forces ? 4) Représenter sur la figure le support de chaque force. Relativement au support de la force, dans quel cas une force a un effet de rotation ? 5) **Conclusion** : donner les conditions pour qu'une force ait un effet de rotation.	25 min	**Fig. 1 : Forces s'exerçant sur une porte** 1)	Forces ayant un effet de rotation	Force n'ayant pas un effet de rotation
---	---
		  Tableau regroupant les forces en deux catégories	

Activité 3 : L'effet d'une force orthogonale appliquée sur un solide mobile autour d'un axe fixe

Pré-requis	Durée	Objectifs spécifiques	
– Définition d'une force orthogonale	1 min	– Citer les facteurs dont dépend l'effet de rotation d'une force orthogonale sur un solide mobile autour d'un axe fixe	

Activités	Durée	Investigation – résultats	Conclusion
On considère deux point A et B d'une porte situés sur la même droite horizontale et à des distances différentes à l'axe de rotation. **Figure : porte sur laquelle s'exercent des forces en deux points** 1) On applique une force orthogonale, ne rencontrant pas l'axe de rotation en A puis en B. a) En quel point l'effet de rotation de la force sur la porte est plus important ? Pourquoi ? b) Vérifier expérimentalement vos réponses à l'aide de la porte de votre classe. Les résultats	35 min	1) a) b)	

c) Que peut-on dire de l'effet de rotation d'une force orthogonale ne rencontrant pas l'axe de rotation par rapport à la distance qui sépare son point d'application à l'axe de rotation ?

sont-ils conformes aux prévisions ?

2) On applique maintenant successivement au point A une force $\vec{F}_1$ puis une force $\vec{F}_2$ toutes deux orthogonales ne rencontrant pas l'axe de rotation, de même sens et telle que l'intensité F_1 soit plus grande que l'intensité F_2 :

a) Laquelle des forces aura un effet de rotation plus important ? Pourquoi ?

b) Vérifier expérimentalement votre réponse avec la porte de votre classe. Les résultats sont-ils conformes aux prévisions ?

c) Que peut-on dire de l'effet de rotation d'une force orthogonale ne rencontrant pas l'axe de rotation par rapport à l'intensité de cette force ?

3) **Conclusion** : donner les facteurs dont dépend l'effet de rotation d'une force orthogonale ne rencontrant pas l'axe de rotation sur un solide mobile autour d'un axe fixe.

Activité 4 : L'effet d'une force non orthogonale appliquée sur un solide mobile autour d'un axe fixe

Pré-requis	Durée	Objectifs spécifiques	Durée
		– Identifier la composante d'une force non orthogonale et ne rencontrant pas l'axe de rotation ayant un effet de rotation	

Activités	Durée	Investigation – résultats	Conclusion
1) Sur la figure ci-contre, une force non orthogonale $\vec{F}$ et ne rencontrant pas l'axe de rotation s'exerce sur une porte. a) Cette force a-t-elle un effet de rotation ? Justifier votre réponse. b) Vérifier expérimentalement votre réponse. Les résultats sont-ils conformes aux prévisions ? 2) Sur le schéma, décomposer la force $\vec{F}$ en une composante parallèle à l'axe de rotation $\vec{F}_{\_}$ et en une composante orthogonale $\vec{F}_{\perp}$. Quelle composante a-t-elle un effet de rotation ? Justifier votre réponse. 3) **Conclusion** : à quoi est dû l'effet de rotation d'une force non orthogonale et ne rencontrant pas l'axe de rotation sur un solide mobile autour d'un axe fixe ?	30 min	**Figure : force non orthogonale s'exerçant sur une porte** 1) a) b) 2)	3)

Activité 5 : Le moment d'une force orthogonale

Pré-requis	Durée	Objectifs spécifiques
- les facteurs dont dépend l'effet de rotation d'une force sur un solide mobile autour d'un axe fixe	1 min	- Définir le moment d'une force par rapport à un axe - Donner l'unité de moment - Etablir l'expression du moment

Activités	Durée	Investigation – résultats	Conclusion
On applique successivement des forces $\vec{F_1}, \vec{F_2}, \vec{F_3}$ orthogonales ne rencontrant pas l'axe de rotation respectivement aux points A, B, C (voir figure 1). 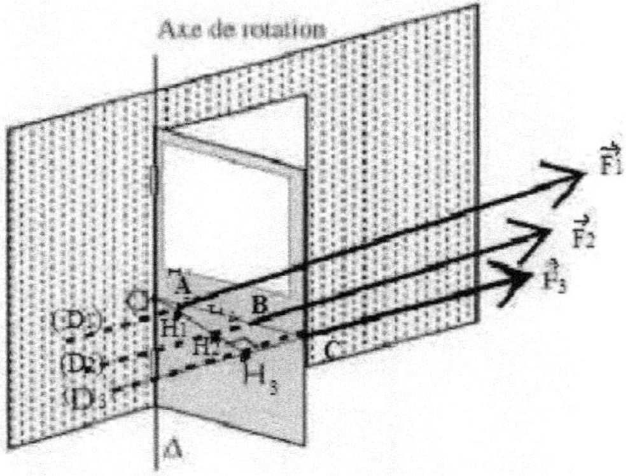	25 min	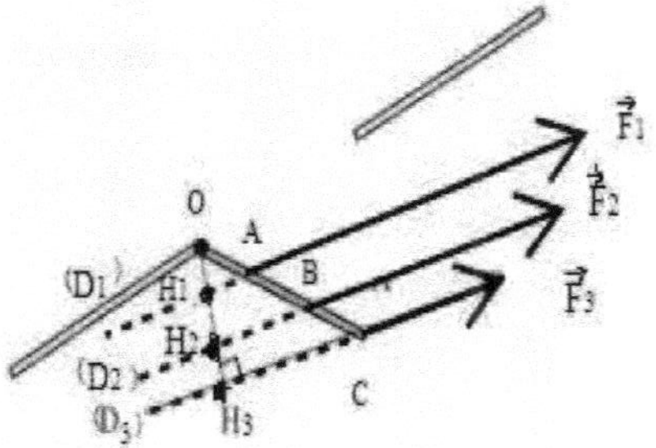	

Figure 1 : Forces orthogonales s'exerçant sur une porte

Figure 2 : La porte vue de dessus

Les forces ayant le même effet de rotation, on note leurs intensités F et la distance OH dans un tableau ci-contre.

1) Compléter le tableau. Quel constat peut-on faire ?

2) L'effet de rotation d'une force est caractérisé par une grandeur physique appelée **le moment de la force.** Sachant que les forces $\vec{F_1}, \vec{F_2}, \vec{F_3}$ ont le même effet de rotation, que représente le produit FxOH ? Quelle est son unité ?

3) **Conclusion** : la distance OH entre la droite d'action (D) d'une force et l'axe de rotation (Δ) est appelée **la distance du bras de levier** (voir figure 2). Définir alors le moment d'une force par rapport à un axe de rotation.

1)

Point d'application	A	B	C
Intensité F (N)	360	120	90
Distance OH (m)	0,15	0,45	0,60
Produit FxOH			

Tableau donnant l'intensité des forces et leurs distances du bras de levier

2)

3)

Activité 6 : Le moment d'une force non orthogonale

Pré-requis	Durée	Objectifs spécifiques
- Effet d'une force parallèle ou rencontrant l'axe de rotation	1 min	- Exprimer le moment d'une force non orthogonale en fonction des moments de ses composantes

Activités	Durée	Investigation – résultats	Conclusion
Les figures ci-dessous représentent des forces qui s'exercent sur une porte 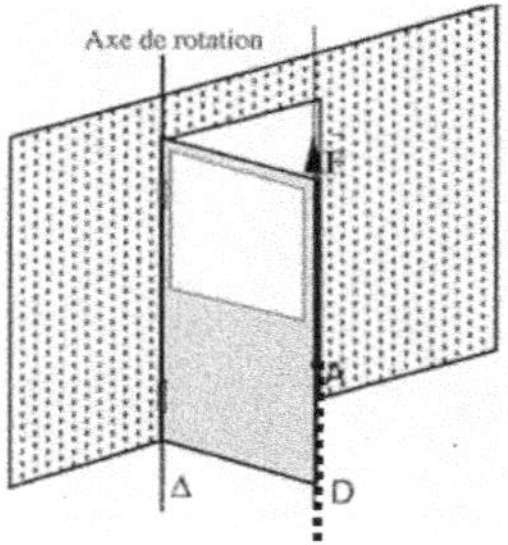 [Figure 1: door with rotation axis, force parallel to axis] **Figure 1 : Force de droit d'action parallèle à l'axe de rotation.** [Figure 2: door with rotation axis, oblique force] **Figure 2 : Force de droit d'action quelconque.**	25 min		

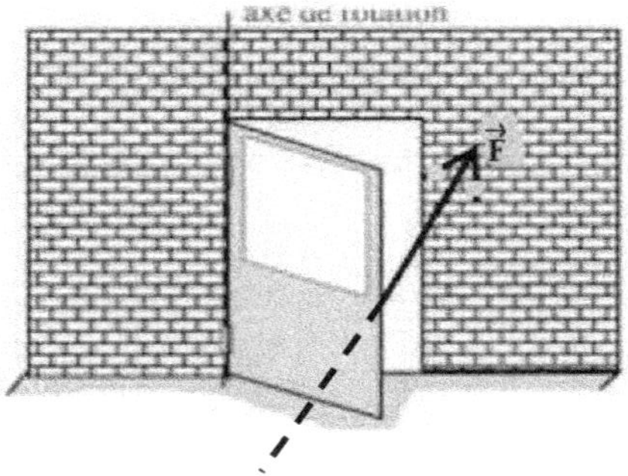

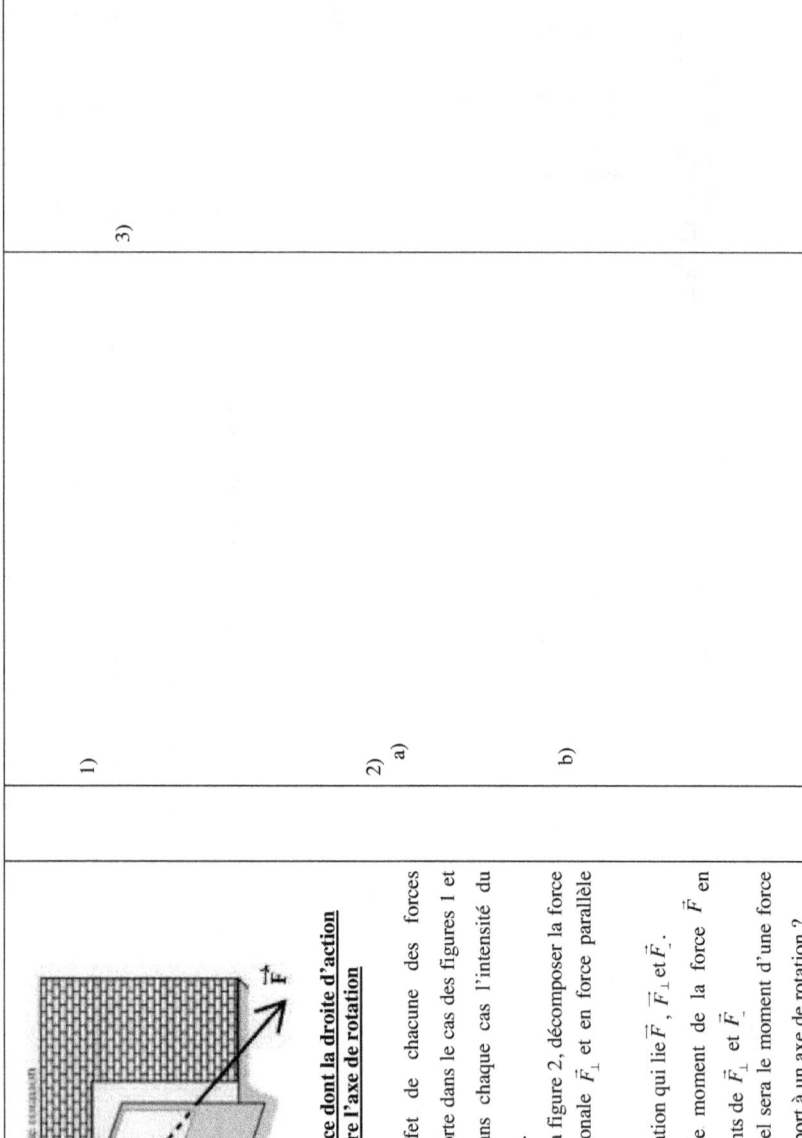

Figure 3 : Force dont la droite d'action rencontre l'axe de rotation

1) Quel est l'effet de chacune des forces s'exerçant sur la porte dans le cas des figures 1 et 3 ? En déduire dans chaque cas l'intensité du moment de la force.

2) Dans le cas de la figure 2, décomposer la force $\vec{F}$ en force orthogonale $\vec{F}_\perp$ et en force parallèle $\vec{F}_{_\|}$.
  a) Quelle est la relation qui lie $\vec{F}$, $\vec{F}_\perp$ et $\vec{F}_{_\|}$.
  b) En déduire le moment de la force $\vec{F}$ en fonction des moments de $\vec{F}_\perp$ et $\vec{F}_{_\|}$.

3) **Conclusion** : quel sera le moment d'une force quelconque par rapport à un axe de rotation ?

1)

2)
a)

b)

3)

Activité 7 : Le moment d'un couple de forces

Pré-requis	Durée
- L'expression du moment d'une force - La définition d'un couple de force	3 min

Objectifs spécifiques
- Donner l'expression du moment algébrique d'un couple de forces - Donner les facteurs dont dépend le moment d'un couple de forces

Activités	Durée	Investigation – résultats	Conclusion
Un couple de forces $(\vec{F_1}, \vec{F_2})$ s'exerce sur une tige AB mobile autour d'un axe fixe (Δ) passant par O et perpendiculaire au plan de la figure ci-contre. La distance entre les droites d'action des forces est d. 1) Sur la figure, indiquer les bras de levier d_1 et d_2 des forces $\vec{F_1}$ et $\vec{F_2}$ ainsi que la distance d. 2) a) En choisissant un sens positif de rotation, donner l'expression du moment algébrique de chaque force par rapport à l'axe(Δ). b) L'effet de rotation d'un couple de forces est la somme des effets de chacune des forces. En déduire alors l'expression du moment du couple de forces. 3) **Conclusion** : que peut-on dire de la position de l'axe de rotation dans l'expression du moment d'un couple de forces ?	20 min	1) 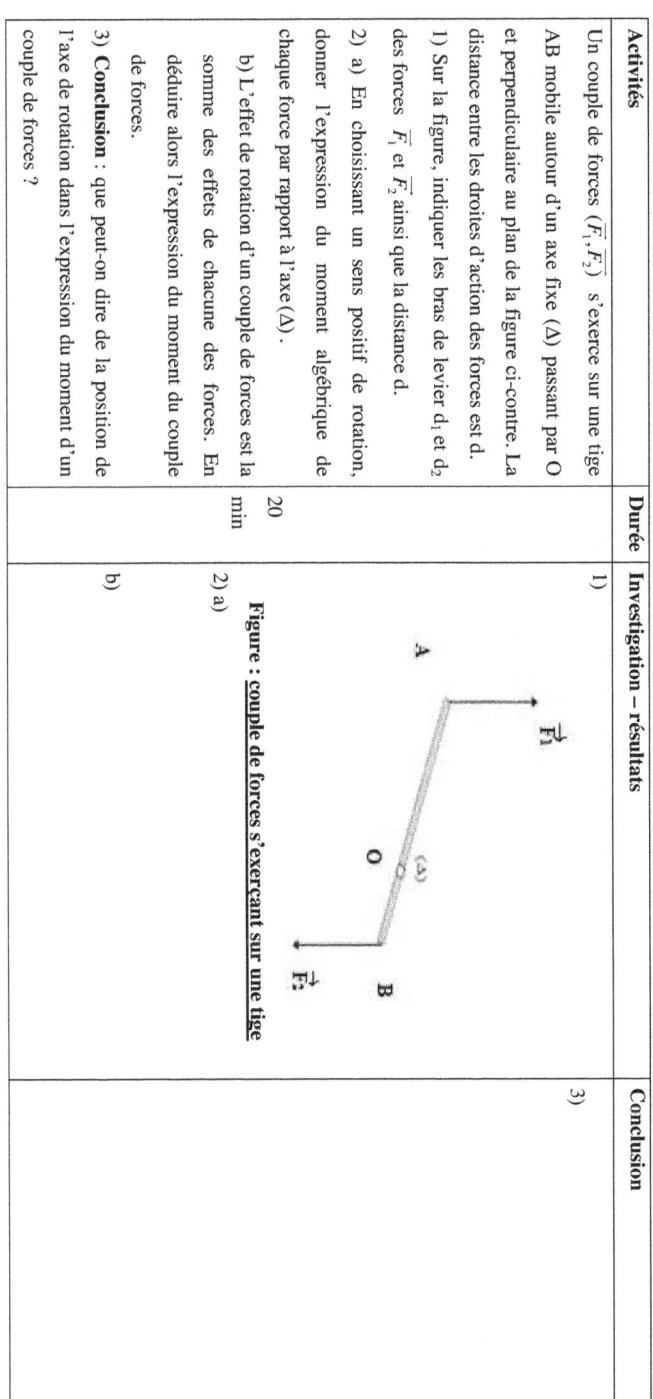 **Figure : couple de forces s'exerçant sur une tige** 2) a) b)	3)

49

Activité 8 : La condition d'équilibre d'un solide mobile autour d'un axe fixe : théorème des moments

Pré-requis	Durée
– Equilibre d'un solide	1 min

Objectifs spécifiques	– Enoncer le théorème des moments – Utiliser le théorème des moments – Etablir le théorème des moments

Activités	Durée	Investigation – résultats	Conclusion
On étudie l'équilibre dans la position horizontale d'une tige T mobile autour d'un axe (Δ) horizontale passant par le milieu O de la tige. **Tige T en équilibre dans la position horizontale** 1) **1er Cas :** On accroche deux masses m_1 et m_2 à la tige **Deux masses accrochées à une tige mobile autour d'un axe fixe**	45 min	1) a) | Masse	Poids	Bras de levier	Moment algébrique
m_1	$P_1 = 2N$	$OA = 0,3m$	$M_1(\vec{P_1}) =$
m_2	$P_2 = 7N$	$OB = 0,1m$	$M_2(\vec{P_2}) =$	 **Tableau 1** b) c)	

a) En tenant compte du sens positif indiqué sur la figure du 1er cas, compléter le tableau 1
b) Comparer |M₁ ($\vec{P_1}$)| et |M₂ ($\vec{P_2}$)|. Comparer les effets de rotation des poids des masses m₁ et m₂.
c) La tige sera-t-elle en équilibre dans la position horizontale ? Justifier.

2) 2ᵉ Cas : On accroche à la tige trois masses m₁, m₂, m₃.

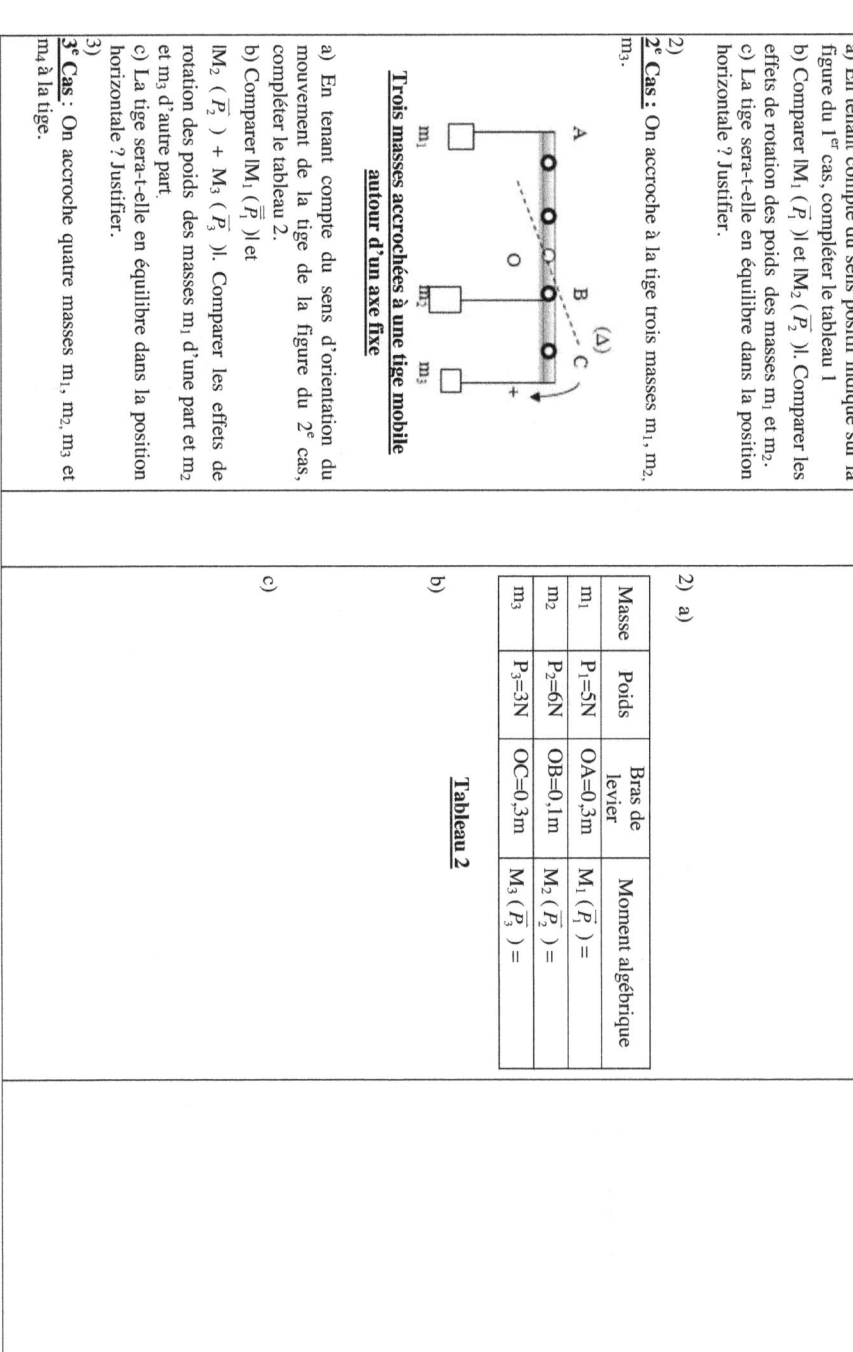

Trois masses accrochées à une tige mobile autour d'un axe fixe

a) En tenant compte du sens d'orientation du mouvement de la tige de la figure du 2ᵉ cas, compléter le tableau 2.
b) Comparer |M₁ ($\vec{P_1}$)| et |M₂ ($\vec{P_2}$)| + M₃ ($\vec{P_3}$)|. Comparer les effets de rotation des poids des masses m₁ d'une part et m₂ et m₃ d'autre part.
c) La tige sera-t-elle en équilibre dans la position horizontale ? Justifier.

3) 3ᵉ Cas : On accroche quatre masses m₁, m₂, m₃ et m₄ à la tige.

2) a)

Masse	Poids	Bras de levier	Moment algébrique
m₁	P₁=5N	OA=0,3m	M₁ ($\vec{P_1}$) =
m₂	P₂=6N	OB=0,1m	M₂ ($\vec{P_2}$) =
m₃	P₃=3N	OC=0,3m	M₃ ($\vec{P_3}$) =

Tableau 2

b)

c)

Quatre masses accrochées à une tige mobile autour d'un axe fixe

a) En tenant compte du sens d'orientation du mouvement de la tige de la figure du 3ᵉ cas, compléter le tableau 3.

b) Comparer $|M_1(\vec{P_1}) + M_4(\vec{P_4})|$ et $|M_3(\vec{P_3}) + M_2(\vec{P_2})|$. Comparer les effets de rotation des poids des masses m_1 et m_2 d'une part et m_3 et m_4 d'autre part.

c) La tige sera-t-elle en équilibre dans la position horizontale ? Justifier.

4) Dans le(s) cas où la tige reste en équilibre dans la position horizontale, calculer la somme des moments algébriques de toutes les forces appliquées à la tige. Que constate-t-on ?

5) **Conclusion** : donner la condition d'équilibre d'un solide mobile autour d'un axe fixe.

3) a)

Masse	Poids	Bras de levier	Moment
m_1	$P_1=4N$	$OA=0,3m$	$M_1(\vec{P_1}) =$
m_2	$P_2=5N$	$OB=0,1m$	$M_2(\vec{P_2}) =$
m_3	$P_3=6N$	$OC=0,2m$	$M_3(\vec{P_3}) =$
m_4	$P_4=1N$	$OD=0,3m$	$M_4(\vec{P_4}) =$

Tableau 3

b)

c)

4)

5)

Bibliographie

BURBULES, N. et LINN, M. (1991). Science education and philosophy of science: congruence or contradiction? *International Journal of Science Education. 13* (3), 227-241.

INSPECTION DES SCIENCES PHYSIQUES (1997). Sciences Physiques Seconde C. MESSRS Burkina Faso

GIORDAN, A. (1978). Une pédagogie pour les sciences expérimentales. Centurion.

GIORDAN, A. (1999). Une didactique pour les sciences expérimentales. Paris : BELIN

IVO, K. et F. OUATTARA (2008). Problématique de l'enseignement apprentissage de la statique des solides en 2^{nde}C des lycées et collèges du Burkina Faso. Bulletin de l'Union des Physiciens, N°903, Vol 102, pp. 501-510

OUATTARA, F. et BELEMKOABGA, L. (2012). Presentation and analysis of class observations data and studiens' performances in case of teaching and learning mechanical energie in scientist first fom classes of Burkina Faso secondary schools. International Journal of Advanced and Technology,3,2,503-516

OUATTARA, F. et OUEDRAOGO, O. (2012). Investigation on teaching and learning mechanics in terminal scientist classes of Burkina Faso secondary schools. International Journal of Physical and Social Sciences, 2,9,314-328

GOFFARD M. (1990). Modes de Travail Pédagogique et Résolution de Problèmes de Physique. Thèse de doctorat, Université Paris 7.

DEVELAY, M. (1989). Sur la méthode expérimentale. Aster, N°8, pp. 3 – 15

ASTOLFI, J-P. (1989). La didactique des sciences. Collection Que sais-je? Paris : Presses universitaires de France

I want morebooks!

Buy your books fast and straightforward online - at one of the world's fastest growing online book stores! Environmentally sound due to Print-on-Demand technologies.

Buy your books online at
www.get-morebooks.com

Achetez vos livres en ligne, vite et bien, sur l'une des librairies en ligne les plus performantes au monde!
En protégeant nos ressources et notre environnement grâce à l'impression à la demande.

La librairie en ligne pour acheter plus vite
www.morebooks.fr

OmniScriptum Marketing DEU GmbH
Heinrich-Böcking-Str. 6-8
D - 66121 Saarbrücken
Telefax: +49 681 93 81 567-9

info@omniscriptum.com
www.omniscriptum.com

www.ingramcontent.com/pod-product-compliance
Lightning Source LLC
Chambersburg PA
CBHW020810160426
43192CB00006B/519